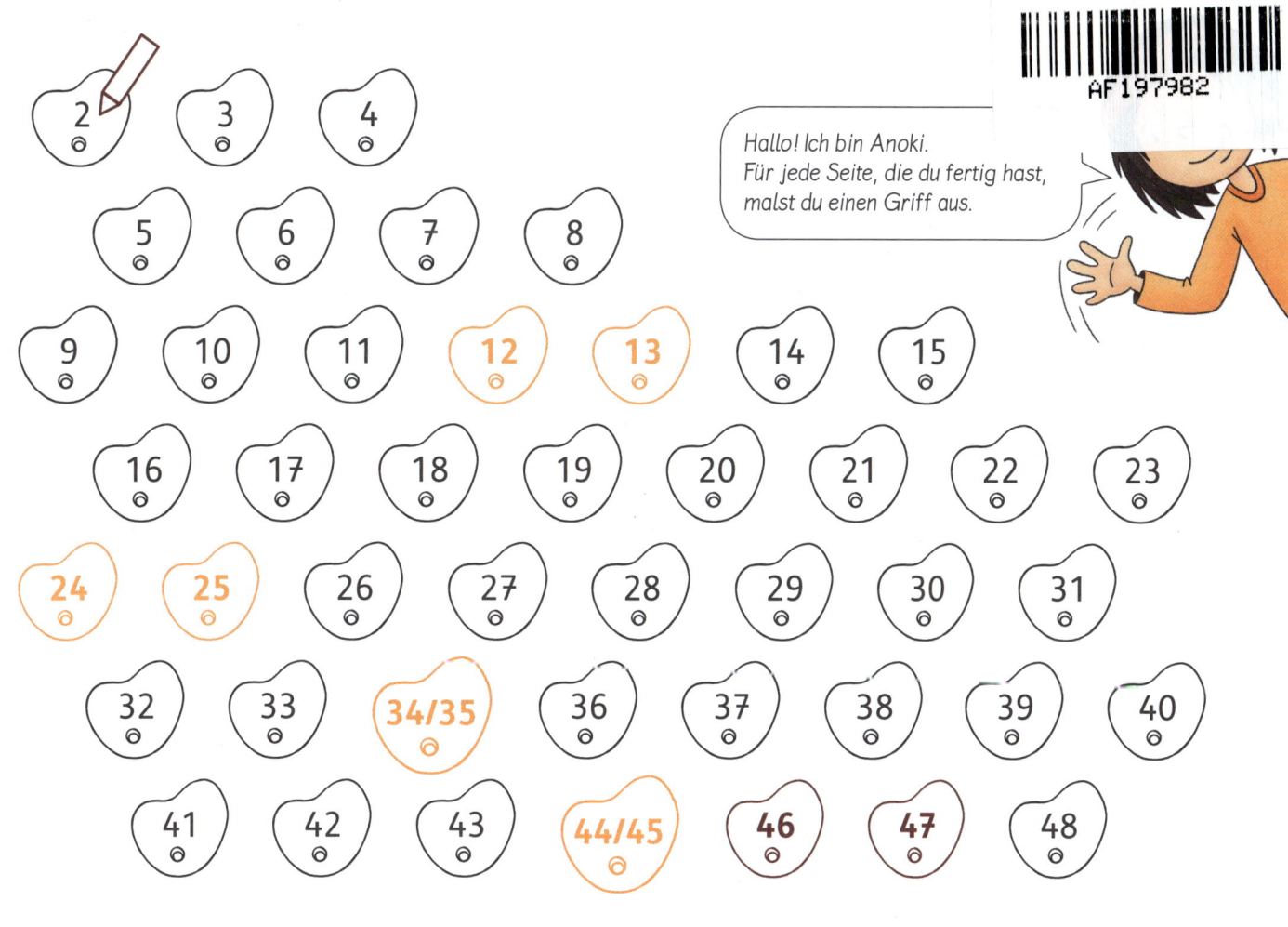

■ Male.

Birne

Wolke

Blume

Igel

2

- Male.

Tanne	Pilz
Tomate	Banane

3 ☐

■ Verbinde.

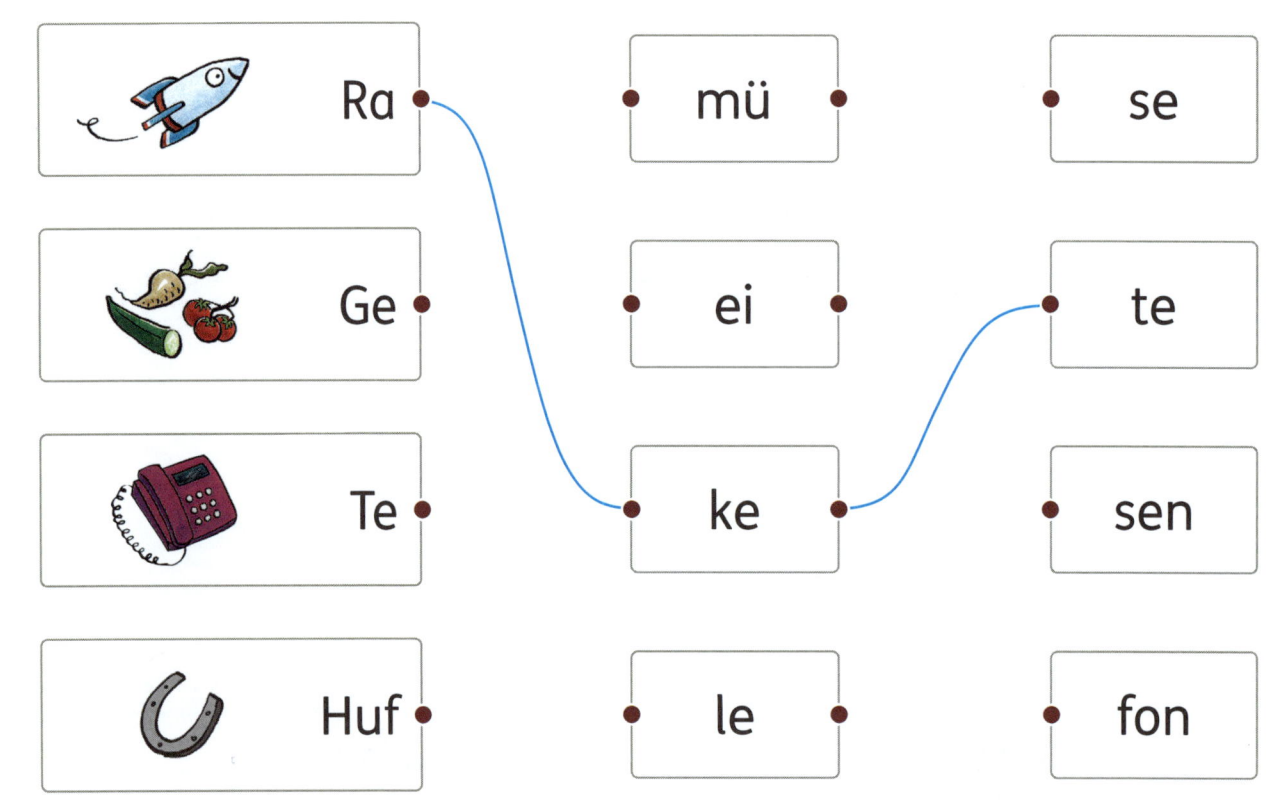

Ra	mü	se
Ge	ei	te
Te	ke	sen
Huf	le	fon

■ Verbinde.

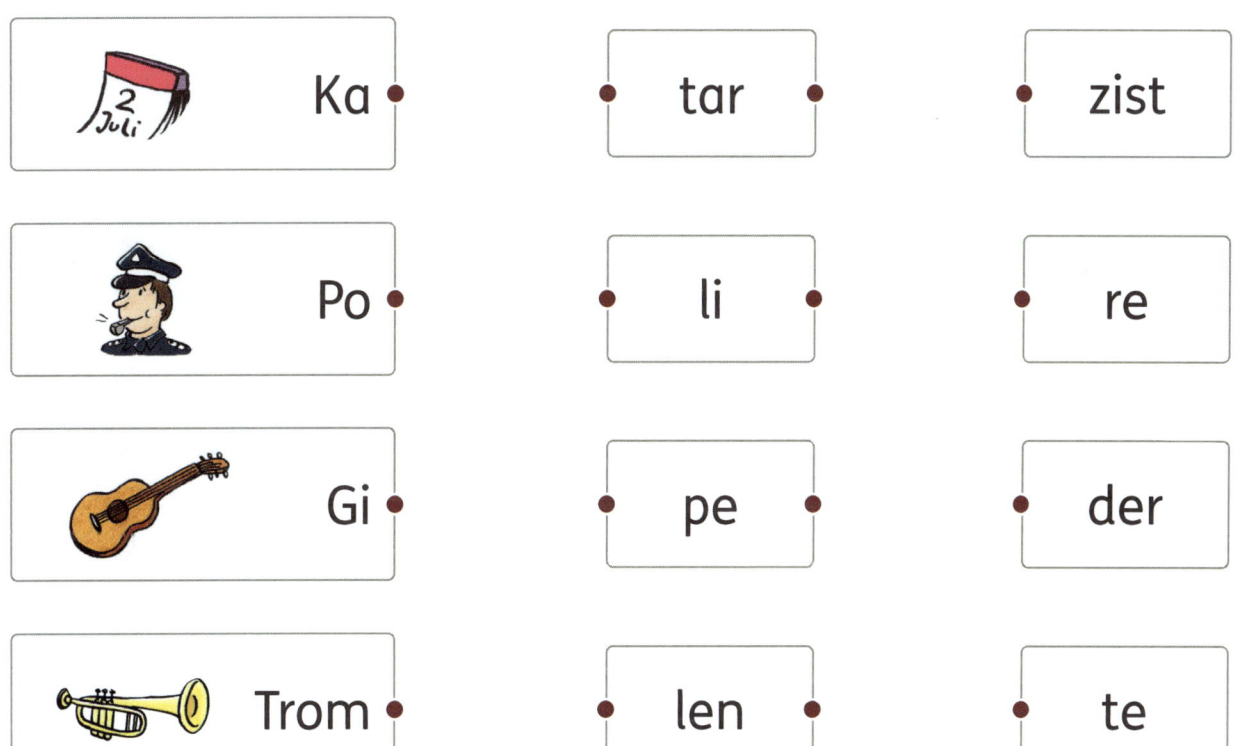

Ka	tar	zist
Po	li	re
Gi	pe	der
Trom	len	te

■ Verbinde.

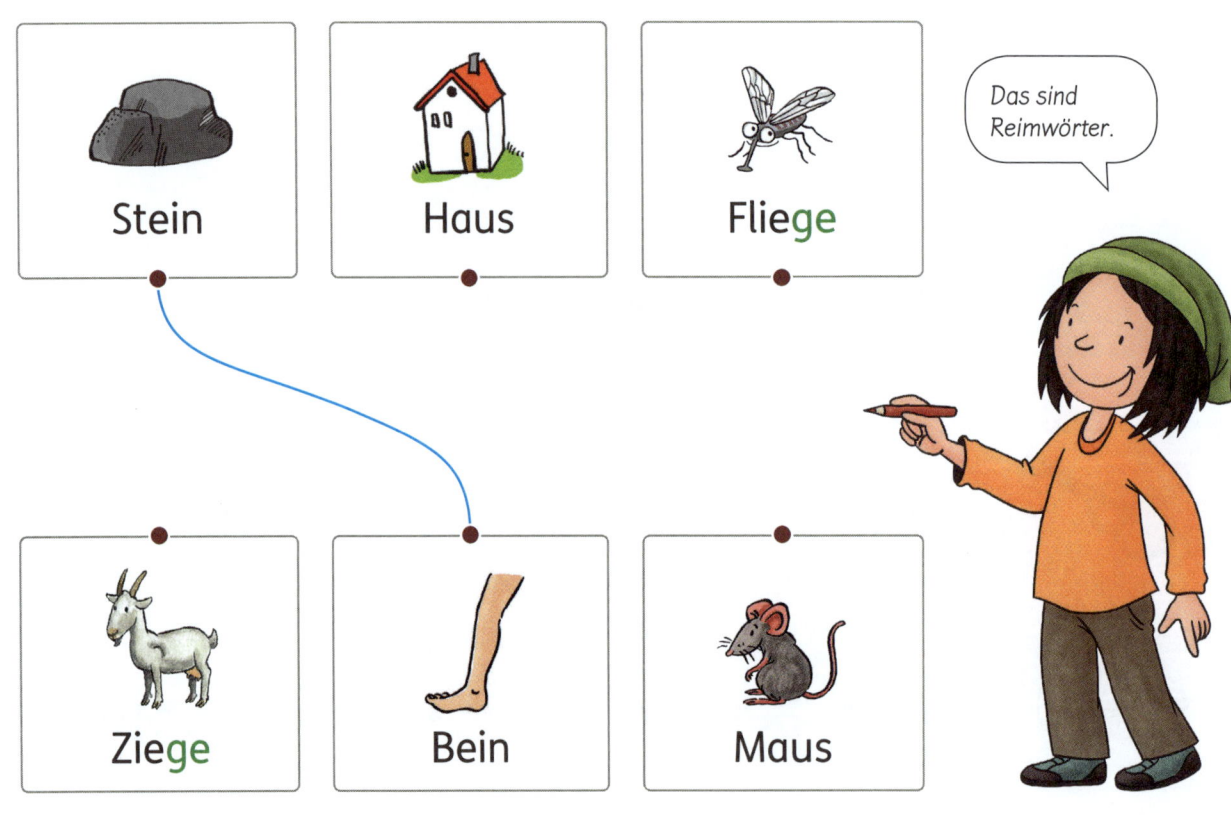

Stein

Haus

Flie**ge**

Zie**ge**

Bein

Maus

Das sind Reimwörter.

■ Verbinde.

 Tisch

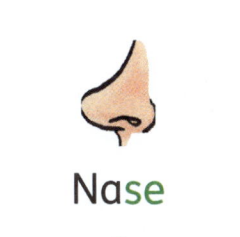 Na**se**

 Topf

 Ga**bel**

 Ha**se**

 Schna**bel**

 Fisch

 Zopf

- Welches Wort ist anders? Kreise ein.

HausHausHausHausHausHausHausHausHausHausHausHausHaus

HausHausHausHausHaus(Maus)HausHausHausHausHausHausHaus

SteinBeinSteinSteinSteinSteinSteinSteinSteinSteinSteinSteinSteinStein

SteinSteinSteinSteinSteinSteinSteinSteinSteinSteinSteinSteinSteinStein

FliegeFliegeFliegeFliegeFliegeFliegeFliegeFliegeFliegeFliegeFliege

FliegeFliegeFliegeFliegeFliegeFliegeFliegeFliegeFliegeZiegeFliege

■ Welches Wort ist anders? Kreise ein.

SchnabelGabelSchnabelSchnabelSchnabelSchnabelSchnabelSchnabel
SchnabelSchnabelSchnabelSchnabelSchnabelSchnabelSchnabel

ZahnZahnZahnZahnHahnZahnZahnZahnZahnZahnZahnZahnZahnZahn
ZahnZahnZahnZahnZahnZahnZahnZahnZahnZahnZahnZahnZahnZahn

TopfTopfTopfTopfTopfTopfTopfTopfTopfTopfTopfTopfTopfTopfTopfTopf
TopfTopfTopfTopfTopfTopfTopfTopfTopfTopfTopfTopfTopfTopfZopfTopf

■ Kreuze an.

☒ ein Roller

☐ ein Ritter

☐ ein Gemüse

☐ ein Geschenk

☐ ein Kamel

☐ ein Käfer

☐ ein Computer

☐ ein Comic

☐ ein Salat

☐ ein Sofa

☐ ein Daumen

☐ ein Delfin

■ Kreuze an.

☐ eine Banane
☐ eine Birne

☐ eine Kartoffel
☐ eine Katze

☐ eine Biene
☐ eine Brücke

☐ eine Giraffe
☐ eine Gitarre

☐ eine Fliege
☐ eine Flasche

☐ eine Ananas
☐ eine Ameise

■ Verbinde.

Nur ein Wort passt!

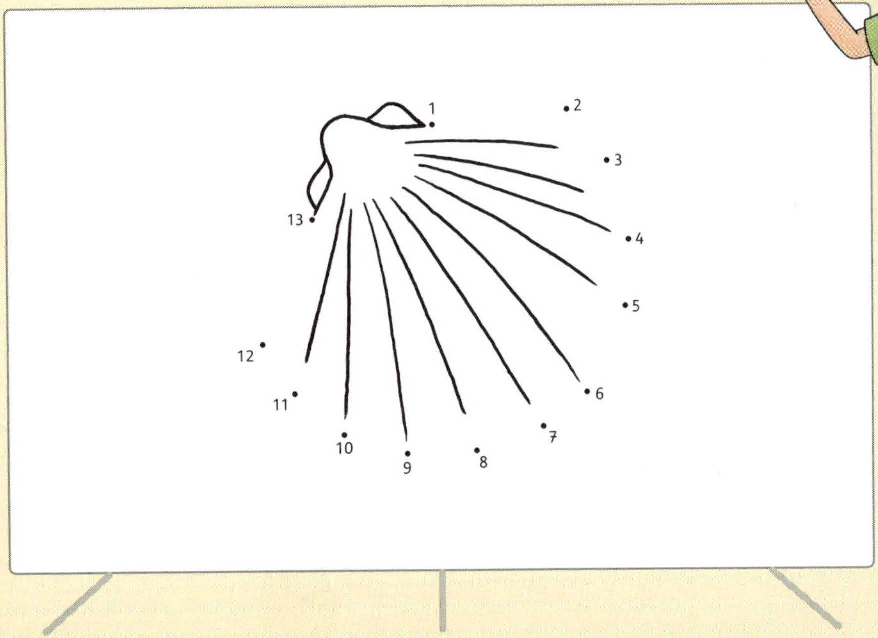

1
2
3
13
4
5
12
11
6
10
7
9
8

Mu**schel**   Me**ss**er   Ma**n**tel

12

■ Verbinde.

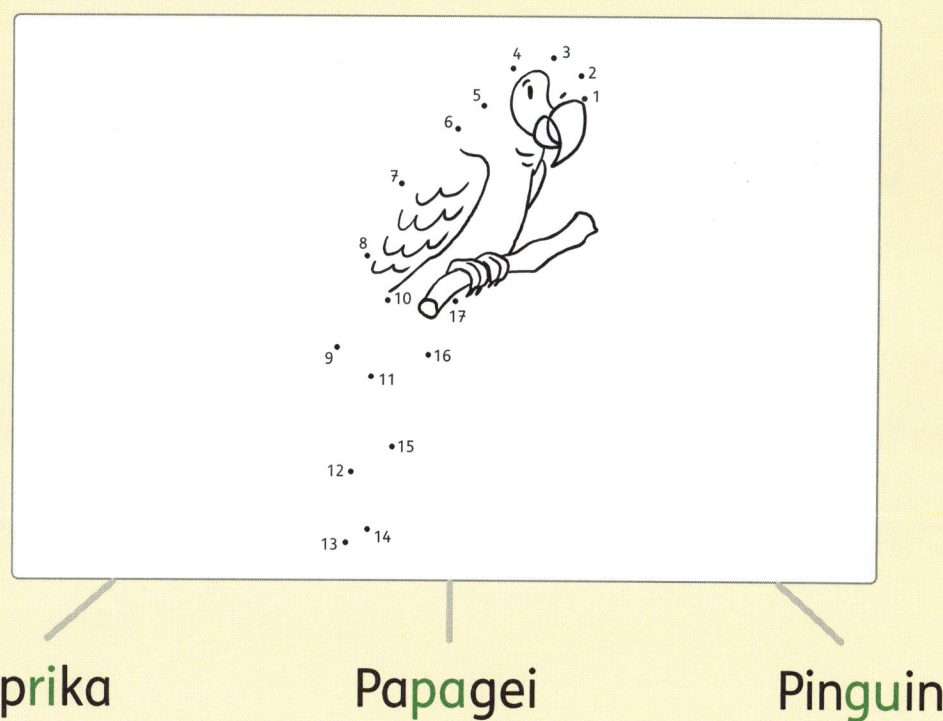

Papr**ika**   **Pa**pa**gei**   **Pin**gu**in**

■ Male an.

der braune Hase

der grüne Frosch

der blaue Fisch

die graue Eule

■ Male an.

der graue Elefant

der grüne Papagei

die gelbe Giraffe

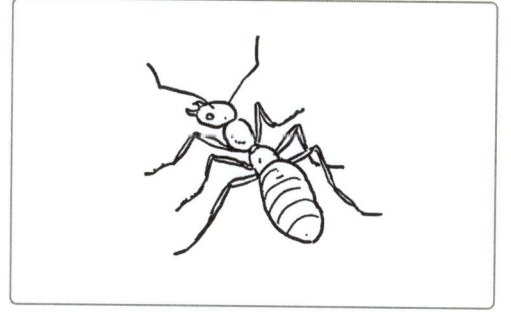

die rote Ameise

15 ☐

■ Verbinde.

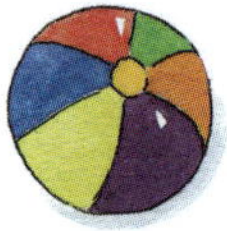

Der Ball		ist grün.
Die Tanne		ist bunt.
Der Löwe		ist rot.
Die Tasse		ist gelb.

■ Verbinde.

| Das Schaf | ist grün. |

| Die Ampel | ist rot. |

| Die Blume | ist blau. |

| Die Wolke | ist weiß. |

■ Verbinde.

| Der Schuh |

hat Strei**fen**.

| Das Ze**bra** |

ist of**fen**.

| Die Ro**se** |

frisst Gras.

| Das Schaf |

duf**tet** gut.

☐ 18

■ Verbinde.

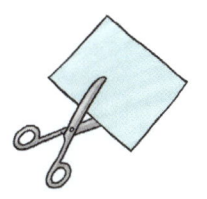

Die Schere

frisst Fisch.

Die Eier

sind im Nest.

Die Tomate

ist scharf.

Der Pinguin

ist reif.

Test 1, S. 46

1. und 2. Satzteil

■ Kreuze an.

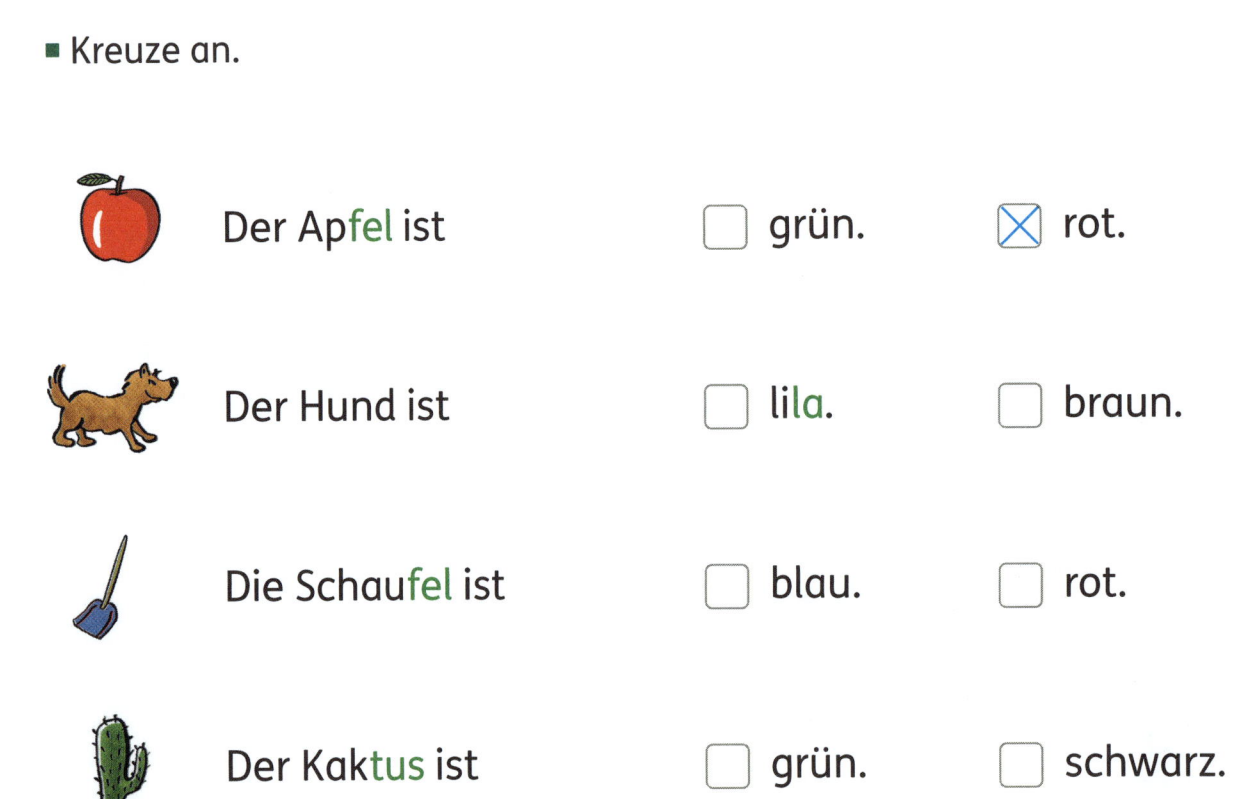

Der Ap**fel** ist   ☐ grün.   ☒ rot.

Der Hund ist   ☐ lila.   ☐ braun.

Die Schau**fel** ist   ☐ blau.   ☐ rot.

Der Kak**tus** ist   ☐ grün.   ☐ schwarz.

Sätze

■ Kreuze an.

 Der Eimer ist   ☐ rot.   ☐ gelb.

 Die Palme ist   ☐ gelb.   ☐ grün.

 Der Regenbogen ist   ☐ weiß.   ☐ bunt.

 Die Wolke ist   ☐ blau.   ☐ lila.

Sätze

21 ☐

■ Kreuze an.

☒ Der Ball ist bunt.

☐ Der Bär ist bunt.

☐ Die Taube ist grün.

☐ Die Tanne ist grün.

☐ Der Löwe ist gelb.

☐ Der Löffel ist gelb.

☐ Die Tante ist rot.

☐ Die Tasse ist rot.

■ Kreuze an.

☐ Die Ameise ist grün.

☐ Die Ampel ist grün.

☐ Die Feder ist blau.

☐ Die Flöte ist blau.

☐ Der Topf ist braun.

☐ Der Zopf ist braun.

☐ Die Birne ist gelb.

☐ Die Blume ist gelb.

- Mit welchen Buchstaben beginnen die Wörter?
  Male an. ■ Z ■ P ■ F

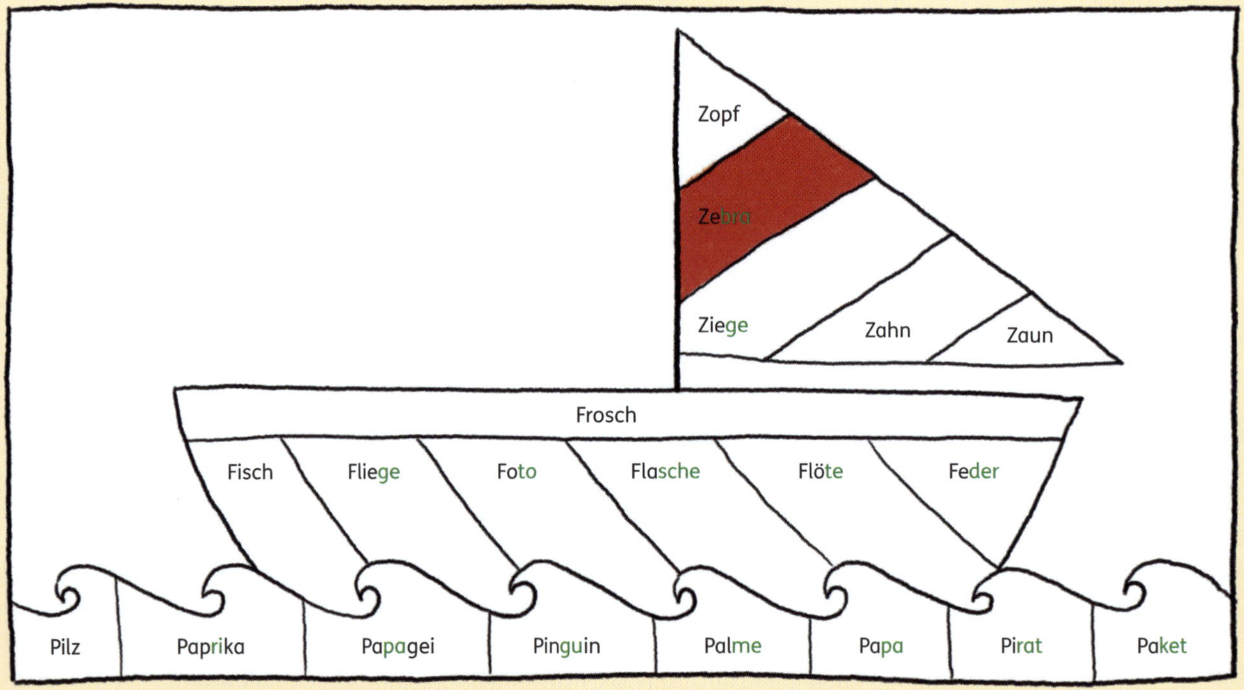

24

- Mit welchen Buchstaben beginnen die Wörter?
  Male an. ▮ G ▯ K ▮ Sch

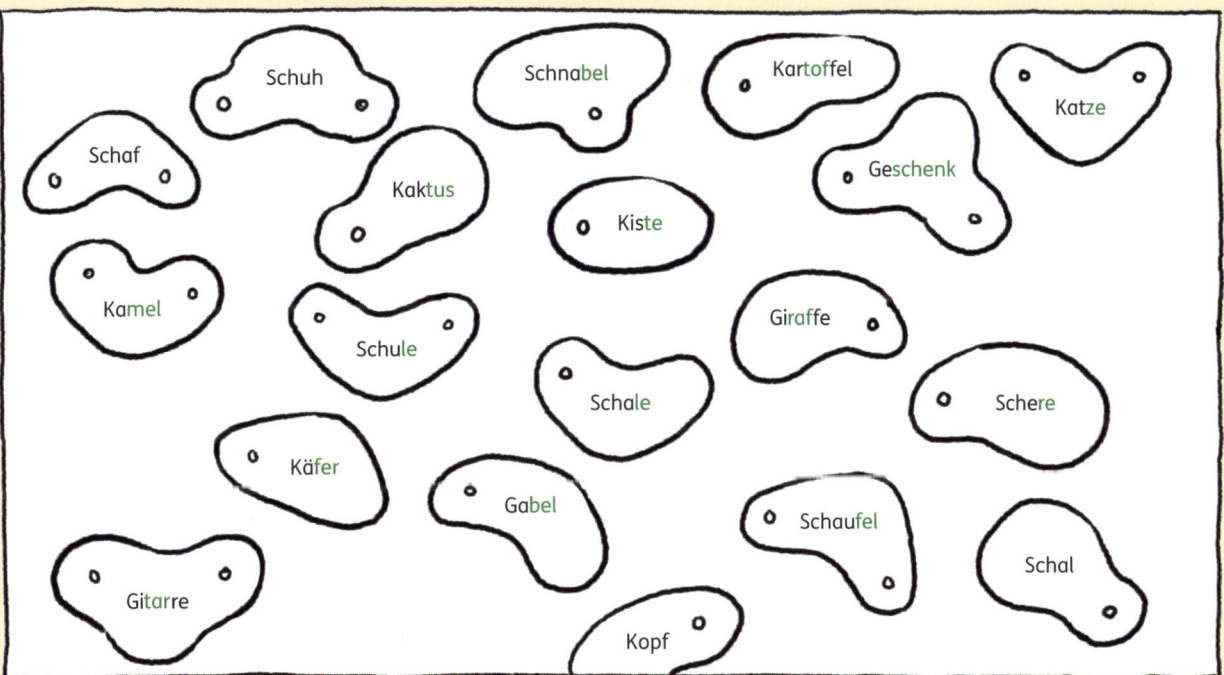

25

■ Male an.

- [✓] Das Meer ist blau.
- [ ] Die Sonne ist gelb.
- [ ] Der Eimer ist grün.
- [ ] Die Badehose ist bunt.

- Male an.

☐ Der Hut ist braun.

☐ Der Schirm ist schwarz.

☐ Die Stiefel sind gelb.

☐ Die Wolken sind grau.

27 ☐

■ Verbinde.

Die Fee

Der Ritter

Der Kaktus

Die Blume

hat Stacheln.

hat Blätter.

hat einen Helm.

hat ein Kleid.

28

■ Verbinde.

Das Kind •   • hat eine Schale.

Die Banane •   • hat einen Schnabel.

Die Socke •   • hat einen Zopf.

Die Ente •   • hat ein Loch.

29

■ Verbinde.

Die Sonne ●   ● fährt schnell.

Der Frosch ●   ● hüpft weit.

Der Zug ●   ● bellt laut.

Der Hund ●   ● scheint warm.

■ Verbinde.

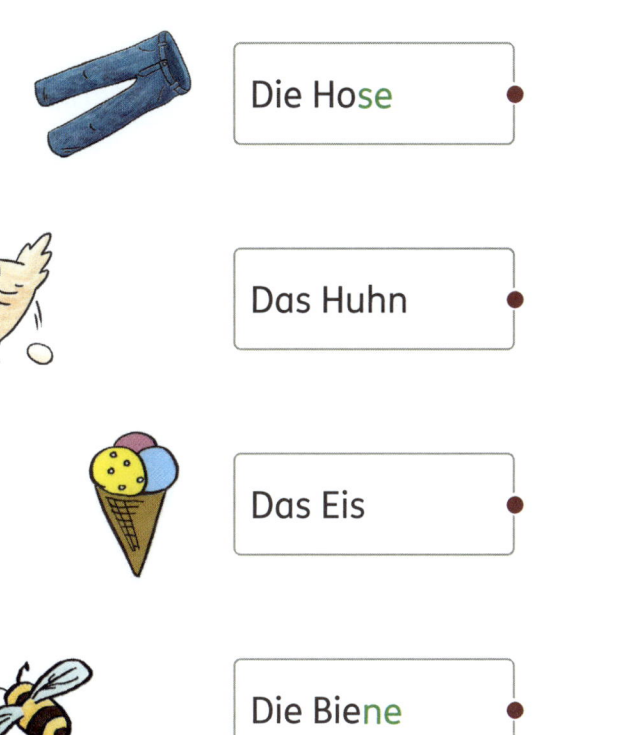

Die Hose	legt ein Ei.
Das Huhn	ist lang.
Das Eis	summt leise.
Die Biene	ist lecker.

31

■ Kreuze an.

☐ Ein Tisch hat Beine.

☐ Ein Tisch hat Besen.

☐ Ein Vogel hat Fenster.

☐ Ein Vogel hat Federn.

☐ Eine Puppe hat Kreide.

☐ Eine Puppe hat Kleider.

☐ Ein Buch hat Seiten.

☐ Ein Buch hat Seile.

■ Kreuze an.

☐ Ein Hund hat Federn.

☐ Ein Hund hat Fell.

☐ Ein Käfer hat Flaschen.

☐ Ein Käfer hat Flügel.

☐ Eine Blume hat Blätter.

☐ Eine Blume hat Beine.

☐ Eine Hand hat Finger.

☐ Eine Hand hat Fische.

■ Zähle.

Du kannst die Dinge auf
Seite 35 auch anmalen.

Apfel: __6__   Banane: _____

Melone: _____   Birne: _____

Ananas: _____   Salat: _____

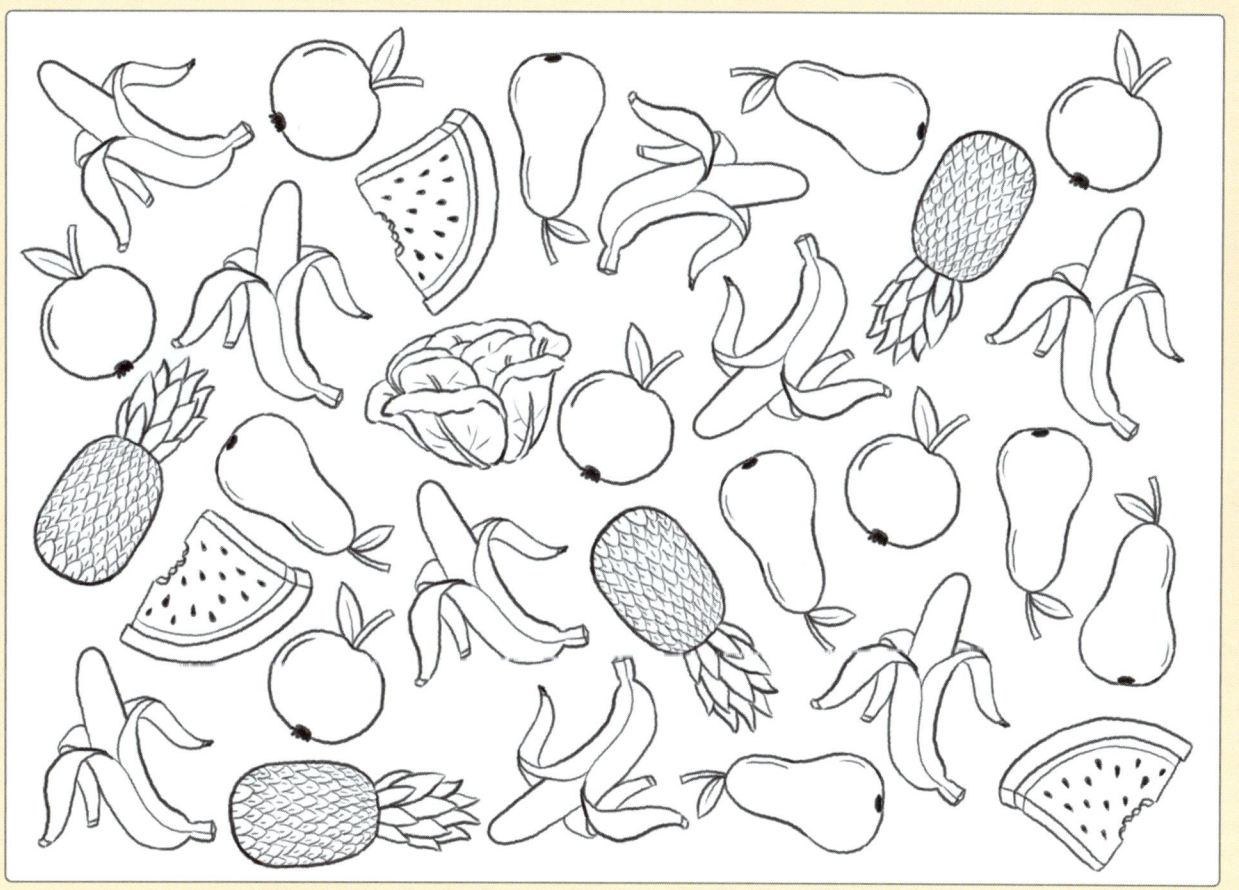

35

■ Welches Wort ist anders? Kreise ein.

SchuhSchuhSchuhSchuhSchuhSchuhKuhSchuhSchuhSchuhSchuh

SchuhSchuhSchuhSchuhSchuhSchuhSchuhSchuhSchuhSchuhSchuh

TaubeTaubeTaubeTaubeTaubeTaubeTaubeTaubeTaubeTaubeTaube

TaubeTaubeTaubeTaubeRaupeTaubeTaubeTaubeTaubeTaubeTaube

KanneKanneKanneKanneKanneKanneTanneKanneKanneKanneKanne

KanneKanneKanneKanneKanneKanneKanneKanneKanneKanneKanne

■ Welches Wort ist anders? Kreise ein.

NestNestNestNestNestNestNestNestNestNestNestNestNestNestNest
NestNestNestNestNestNestNestNestNestNestNestFestNestNestNest

HandWandHandHandHandHandHandHandHandHandHandHandHand
HandHandHandHandHandHandHandHandHandHandHandHandHand

EuleEuleEuleEuleEuleEuleEuleEuleEuleEuleEuleEuleEuleEuleEuleEule
EuleEuleBeuleEuleEuleEuleEuleEuleEuleEuleEuleEuleEuleEuleEule

■ Verbinde.

Die Brille sitzt

auf der Flöte.

Das Kind spielt

im Wasser.

Die Spinne sitzt

auf der Nase.

Ein Fisch schwimmt

im Netz.

■ Verbinde.

Die He**xe** rei**tet**

einen schwar**zen** Hut.

Der Schnee**mann** hat

auf dem Be**sen**.

Das Kü**ken** kommt

auf ei**nen** Baum.

Die Kat**ze** klet**tert**

aus ei**nem** Ei.

■ Kreuze an.

☐ Das Wasser ist nass.

☐ Die Waffel ist nass.

☐ Das Foto ist heiß.

☐ Das Feuer ist heiß.

☐ Die Schnecke ist langsam.

☐ Der Schnabel ist langsam.

☐ Das Meer ist scharf.

☐ Das Messer ist scharf.

■ Kreuze an.

☐ Der Apfel ist lang.

☐ Die Angel ist lang.

☐ Der Engel ist schön.

☐ Die Eule ist schön.

☐ Der Hahn ist bunt.

☐ Der Zahn ist bunt.

☐ Das Telefon ist laut.

☐ Die Trompete ist laut.

■ Kreuze an.

☐ Die He**xe** lacht.

☐ Die He**xe** weint.

☐ Das Au**to** fliegt.

☐ Das Au**to** fährt.

☐ Die Ker**zen** bren**nen**.

☐ Die Ker**zen** ba**den**.

☐ Die Fee kocht.

☐ Die Fee zau**bert**.

■ Kreuze an.

☐ Der Opa liest.

☐ Der Opa rennt.

☐ Das Kind liest.

☐ Das Kind spielt.

☐ Der Tisch fliegt.

☐ Der Tisch steht.

☐ Das Kind singt.

☐ Das Kind bellt.

Sätze

Anoki, Luna und Emil suchen ein Wort.
Es ist ein Reimwort.

- Male.

Tasche

Nase

■ Verbinde.

Die Rose •

Die Ente •

Der Hase •

Das Schaf •

• ist weiß.

• frisst Gras.

• ist rot.

• hat einen Schnabel.

☐ 46

- Kreuze an.

☐ Der Baum ist bunt.
☐ Der Ball ist bunt.

☐ Ein Vogel hat Flügel.
☐ Ein Vogel hat Finger.

☐ Der Apfel ist rot.
☐ Die Angel ist rot.

☐ Ein Hund hat Flügel.
☐ Ein Hund hat Fell.

■ Hilf Emil: Kreise die 8 Fehler ein.